Impressum

Verlag: BABADADA GmbH, Nedderfeld 112 , 22529 Hamburg

Geschäftsführer / Verlagsleitung: Harald Hof

Druck: Books on Demand GmbH, In de Tarpen 42, 22848 Norderstedt

Imprint

Publisher: BABADADA GmbH, Nedderfeld 112 , 22529 Hamburg, Germany

Managing Director / Publishing direction: Harald Hof

Print: Books on Demand GmbH, In de Tarpen 42, 22848 Norderstedt, Germany

სკოლა

ysgol

საკლასო ოთახი
ystafell ddosbarth
გაყოფა
rhannu
186/2
დაფა
bwrdd
მასწავლებელი
athro
სკოლის ეზო
ქაღალდი
papur
წერა
ysgrifennu
კალამი
pen
მაგიდა
desg
სახაზავი
pren mesur
წიგნი
llyfr
მოსწავლე
disgybl

ზურგჩანთა

bag ysgol

პენალი

blwch penseli

ფანქარი

pensil

ფანქრების სათლელი

peth rhoi min ar bensil

საშლელი

rwber

ნახატების ალბომი

pad arlunio

2

სკოლა - ysgol

ნახატი

llun

ფუნჯი

brws paent

საღებავის ყუთი

blwch paent

მაკრატელი

siswrn

წებო

glud

სავარჯიშო რვეული

llyfr ysgrifennu

საშინაო დავალება

gwaith cartref

ნომერი

rhif

დამატება

ychwanegu

გამოკლება

tynnu

გამრავლება

lluosi

გამოთვლა

cyfrifo

წერილი

llythyren

ანბანი

gwyddor

სიტყვა

gair

ტექსტი

testun

წაკითხვა

darllen

ცარცი

sialc

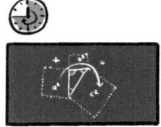

გაკვეთილი

gwers

რეგისტრაცია

cofrestr

გამოცდა

arholiad

სერტიფიკატი

tystysgrif

სკოლის ფორმა

gwisg ysgol

განათლება

addysg

ენციკლოპედია

gwyddoniadur

უნივერსიტეტი

prifysgol

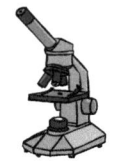

მიკროსკოპი

microsgop

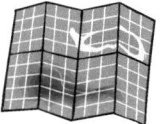

რუქა

map

კალათა ნარჩენი ქაღალდებისათვის

basged papur gwastraff

teithio

სასტუმრო
gwesty
Grand
ჰოსტელი
hostel
ROOMS
EXCHANGE
ვალუტის გადაცვლის პუნქტი
swyddfa gyfnewid
ჩემოდანი
cês dillad
მანქანა
car

ენა

iaith

კი / არა

ie / na

კარგი

iawn

გამარჯობა

helo

მთარგმნელი

cyfieithydd

გმადლობთ

Diolch yn fawr

რა ღირს… ?

faint yw ...?

ვერ გავიგე

Dw i ddim yn deall

პრობლემა

problem

ალამო მშვიდობისა!

Noswaith dda!

დილა მშვიდობისა!

Bore da!

ღამე მშვიდობისა!

Nos da!

ნახვამდის

hwyl

მიმართულება

cyfarwyddyd

ბარგი

bagiau

ჩანთა

bag

ზურგჩანთა

gwarbac

სტუმარი

gwestai

ოთახი

ystafell

საძილე ტომარა

sach gysgu

კარავი

pabell

ტურისტული ინფორმაცია

gwybodaeth i ymwelwyr

სანაპირო

traeth

საკრედიტო ბარათი

cerdyn crecyd

საუზმე

brecwast

ლანჩი

cinio

ვახშამი

swper

ბილეთი

tocyn

ლიფტი

lifft

საფოსტო მარკა

stamp

საზღვარი

ffin

საბაჟო

tollau

საელჩო

llysgenhadaeth

ვიზა

fisa

პასპორტი

pasbort

ტრანსპორტი

cludiant

თვითმფრინავი
awyren
გემი
llong
სახანძრო მანქანა
injan dân
ავტობუსი
bws
სატვირთო მანქანა
lori
მოტორიზებული ნავი
cwch modur
ველოსიპედი
beic
მანქანა
car

ბორანი

fferi

ნავი

cwch

მოტოციკლი

beic modur

პოლიციის მანქანა

car yr heddlu

სარბოლო მანქანა

car rasio

დაქირავებული მანქანა

car wedi'i rentu

მანქანის ერთობლივი მოხმარება
rhannu car

საბუქსირე მანქანა
lori tynnu

ნაგვის მანქანა
lori ysbwriel

ძრავა
modur

საწვავი
tanwydd

ბენზინგასამართი სადგური
gorsaf betrol

საგზაო ნიშანი
arwydd traffig

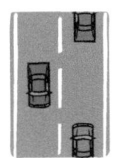

მოძრაობა
traffig

საცობი
tagfa draffig

მანქანის სადგომი
maes parcio

მატარებლის სადგური
gorsaf drennau

ლიანდაგები
traciau

მატარებელი
trên

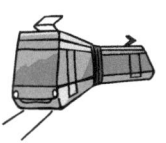

ტრამვაი
tram

ვაგონი
wagen

ვერტმფრენი

hofrennydd

აეროპორტი

maes awyr

კოშკი

tŵr

მგზავრი

teithiwr

კონტეინერი

cynhwysydd

მუყაოს ყუთი

paced

ურიკა

cert

კალათა

basged

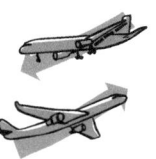

აფრენა / დაშვება

esgyn / glanio

ქალაქი
dinas

სოფელი

pentref

ქალაქის ცენტრი

canol y ddinas

სახლი

tŷ

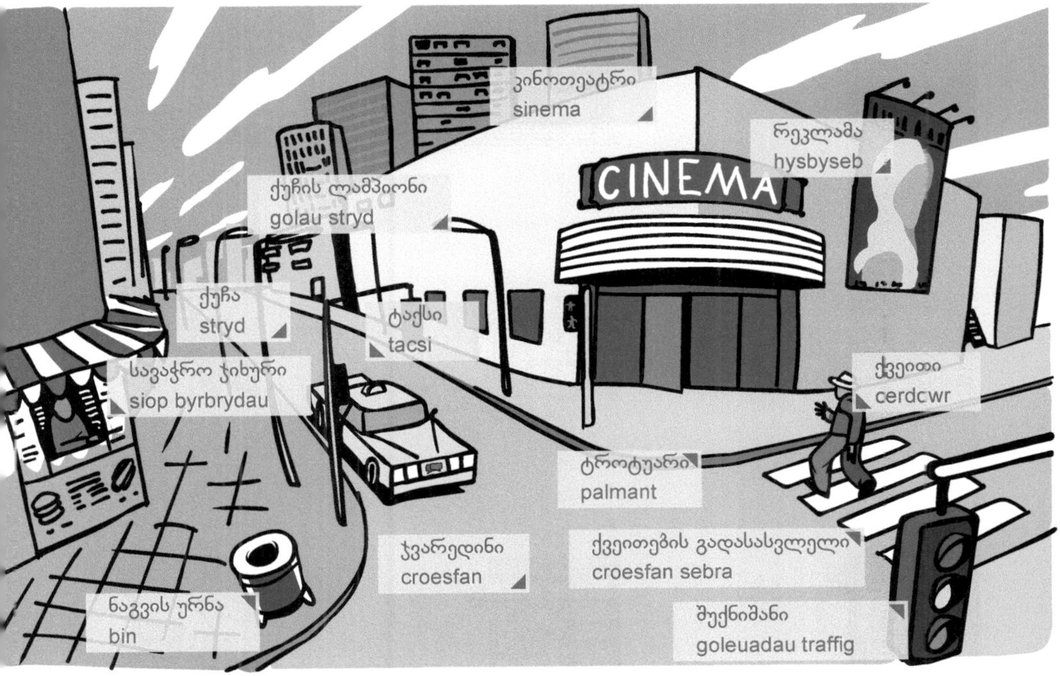

კინოთეატრი
sinema
CINEMA
რეკლამა
hysbyseb
ქუჩის ლამპიონი
golau stryd
ქუჩა
stryd
ტაქსი
tacsi
სავაჭრო ჯიხური
siop byrbrydau
ქვეითი
cerdcwr
ტროტუარი
palmant
ჯვარედინი
croesfan
ქვეითების გადასასვლელი
croesfan sebra
ნაგვის ურნა
bin
შუქნიშანი
goleuadau traffig

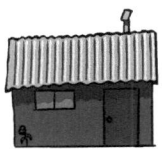

ქოხი

cwt

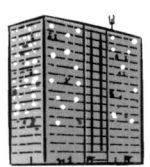

ბინა

fflat

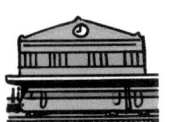

მატარებლის სადგური

gorsaf drennau

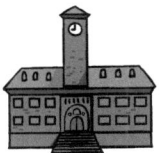

მუნიციპალიტეტი

neuadd y dref

MUSEUM

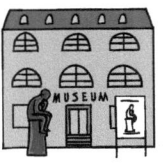

მუზეუმი

amgueddfa

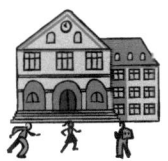

სკოლა

ysgol

უნივერსიტეტი

prifysgol

ბანკი

banc

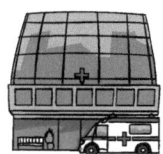

საავადმყოფო

ysbyty

სასტუმრო

gwesty

აფთიაქი

fferyllfa

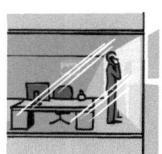

ოფისი

swyddfa

წიგნების მაღაზია

siop lyfrau

მაღაზია

siop

ფლორისტი

siop flodau

სუპერმარკეტი

archfarchnad

ბაზარი

farchnad

მაღაზიის განყოფილება

siop adrannol

თევზის გამყიდველი

siop bysgod

სავაჭრო ცენტრი

canolfan siopa

ნავსადგომი

harbwr

პარკი
parc

გრძელი სკამი
banc

ხიდი
pont

კიბეები
grisiau

მიწისქვეშა გადასასვლელი
rheilffordd danddaearol

გვირაბი
twnnel

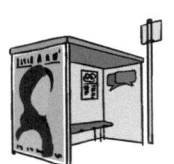

ავტობუსის გაჩერება
safle bws

ბარი
bar

რესტორანი
bwyty

საფოსტო ყუთი
blwch post

ქუჩის ნიშანი
arwydd stryd

პარკინგის საზომი
mesurydd parcio

ზოოპარკი
sŵ

საცურაო აუზი
pwll nofio

მეჩეთი
mosg

ფერმა

fferm

გარემოს დაბინძურება

llygredd

სასაფლაო

mynwent

ეკლესია

eglwys

საბავშვო მოედანი

maes chwarae

ტაძარი

teml

ლანდშაფტი
tirwedd

ფოთოლი
deilen
გზის მანიშნებელი ნიშანი
arwydd cyfeirio
გზა
ffordd
მდელო
dôl
ქვა
carreg
მოგზაური
heiciwr
ხე
coeden
მდინარე
afon
ბალახი
glaswellt
ყვავილი
blodyn

ხეობა
cwm

გორაკი
bryn

ტბა
llyn

ტყე
coedwig

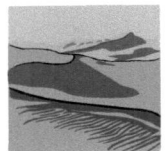

უდაბნო
anialwch

ვულკანი
llosgfynydd

ციხე
castell

ცისარტყელა
enfys

სოკო
madarchen

პალმა
palmwydden

კოღო
mosgito

ბუზი
pryf

ჭიანჭველა
morgrugyn

ფუტკარი
gwenyn

ობობა
pryf copyn

ხოჭო
....
chwilen

ბაყაყი
....
llyffant

ციყვი
....
gwiwer

ზღარბი
....
draenog

კურდღელი
....
ysgyfarnog

ბუ
....
tylluan

ფრინველი
....
aderyn

გედი
....
alarch

ტახი
....
baedd

ირემი
....
carw

ცხენ-ირემი
....
elc

კაშხალი
....
argae

ქარის ტურბინა
....
tyrbin gwynt

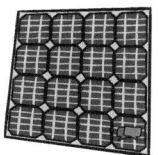

მზის ბატარეა
....
panel haul

კლიმატი
....
hinsawdd

რესტორანი

bwyty

მიმტანი
gweinydd
მენიუ
bwydlen
სკამი
cadair
სუპი
cawl
პიცა
pitsa
დანა-ჩანგალი
cyllyll a ffyrc
მაგიდაზე გადასაფარებელი
lliain bwrdd

საუზმე

cwrs cyntaf

მთავარი კერძი

prif gwrs

დესერტი

pwdin

დასალევი

diodydd

საჭმელი

bwyd

ბოთლი

potel

სწრაფი კვება

bwyd cyflym

ქუჩის საჭმელი

bwyd y stryd

ჩაიდანი

tebot

საშაქრე

powlen siwgr

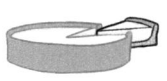

პორცია

dogn

ესპრესოს მანქანა

peiriant espresso

მაღალი სკამი

cadair plentyn

ანგარიში

bil

ლანგარი

hambwrdd

დანა

cyllell

ჩანგალი

fforc

კოვზი

llwy

ჩაის კოვზი

llwy de

ხელსახოცი

napcyn

ჭიქა

gwydr

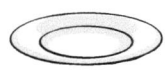

თეფში

plât

სუპის თეფში

plât cawl

ჩაის ლამბაქი

soser

საწებელი

saws

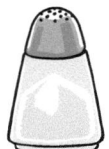

სამარილე

pot halen

წიწაკის საფქვავი

melin bupur

ძმარი

finegr

ზეთი

olew

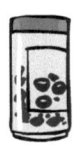

სანელებლები

sbeisys

კეტჩუპი

saws coch

მდოგვი

mwstard

მაიონეზი

mayonnaise

სუპერმარკეტი
archfarchnad

სპეციალური შეთავაზება
cynnig arbennig
მომხმარებელი
cwsmer
რძის ნაწარმი
cynnyrch llaeth
ხილი
ffrwythau
ურიკა
troli

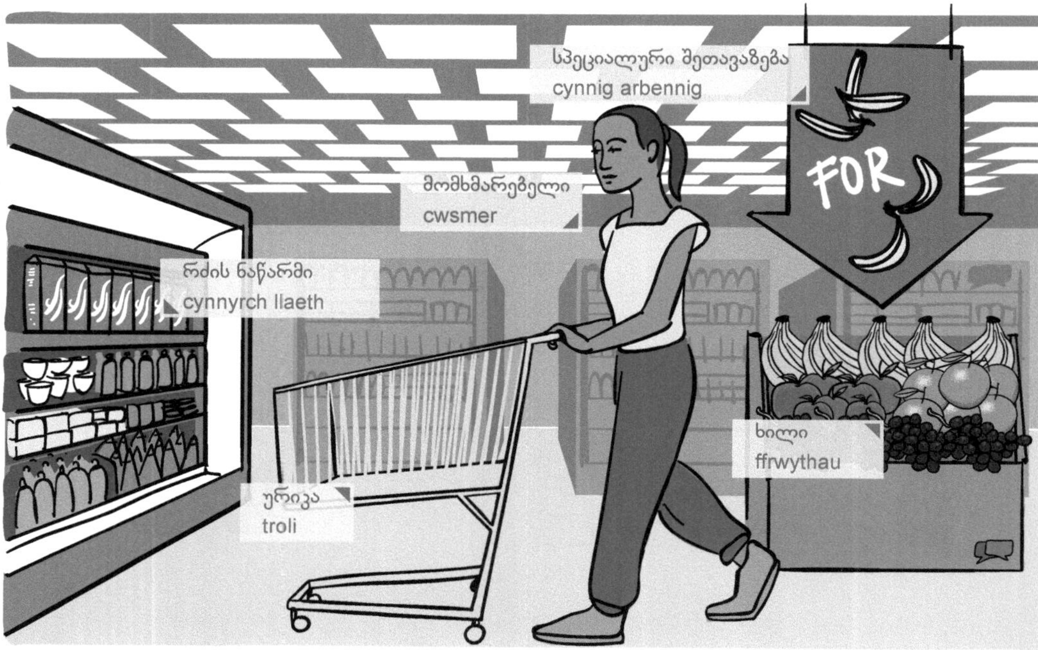

საყასბო

siop gig

საცხობი

siop fara

აწონვა

pwyso

ბოსტნეული

llysiau

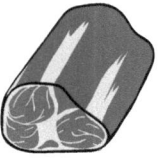

ხორცი

cig

გაყინული საკვები

Bwyd wedi'i rewi

გრილი ხორცი

cig oer

კონსერვები

bwyd tun

სარეცხი ფხვნილი

powdr golchi

ტკბილეული

da-da

საყოფაცხოვრებო პროდუქტები

cynnyrch cartref

სარეცხი საშუალებები

cynhyrchion glanhau

გამყიდველი

gwerthwraig

სალარო

til

მოლარე

ariannwr

საყიდლების სია

rhestr siopa

მუშაობის საათები

oriau agor

პორტმანი

waled

საკრედიტო ბარათი

cerdyn credyd

ჩანთა

bag

პლასტიკური პარკი

bag plastig

დასალევი

diodydd

წყალი

dŵr

წვენი

sudd

რძე

llefrith

კოკა-კოლა

côc

ღვინო

gwin

ლუდი

cwrw

ალკოჰოლი

alcohol

კაკაო

coco

ჩაი

te

ყავა

coffi

ესპრესო

espresso

კაპუჩინო

cappuccino

ბანანი

ffrwchledd

ვაშლი

afal

ფორთოხალი

oren

საზამთრო

melon

ლიმონი

lemwn

სტაფილო

moronen

ნიორი

garlleg

ბამბუკი

bambŵ

ხახვი

nionyn

სოკო

madarchen

კაკალი

cnau

ატრია

nwdls

სპაგეტი

....

sbageti

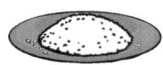

ბრინჯი

....

reis

სალათი

....

salad

ჩიპსები

....

sglodion

შემწვარი კარტოფილი

....

tatws wedi'u ffrïo

პიცა

....

pitsa

ჰამბურგერი

....

hambyrger

სენდვიჩი

....

brechdan

კოტლეტი

....

cytled

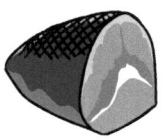

ლორი

....

ham

სალიამი

....

salami

ძეხვი

....

selsig

წიწილა

....

cyw iâr

შემწვარი ხორცი

....

rhost

თევზი

....

pysgodyn

შვრიის ფაფა

ceirch uwd

მუსლი

miwsli

სიმინდის ფანტელეპი

creision ŷd

ფქვილი

blawd

კრუასანი

croissant

ბულკი

bynsen

პური

bara

ტოსტი

tost

ნამცხვრები

bisgedi

კარაქი

menyn

ხაჭო

ceuled

ტორტი

teisen

კვერცხი

wy

ერბო-კვერცხი

wy wedi'i ffrïo

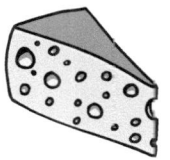

ყველი

caws

ნაყინი

hufen iâ

შაქარი

siwgr

თაფლი

mêl

ჯემი

jam

შოკოლადის კრემი

siocled taenu

კარი

cyri

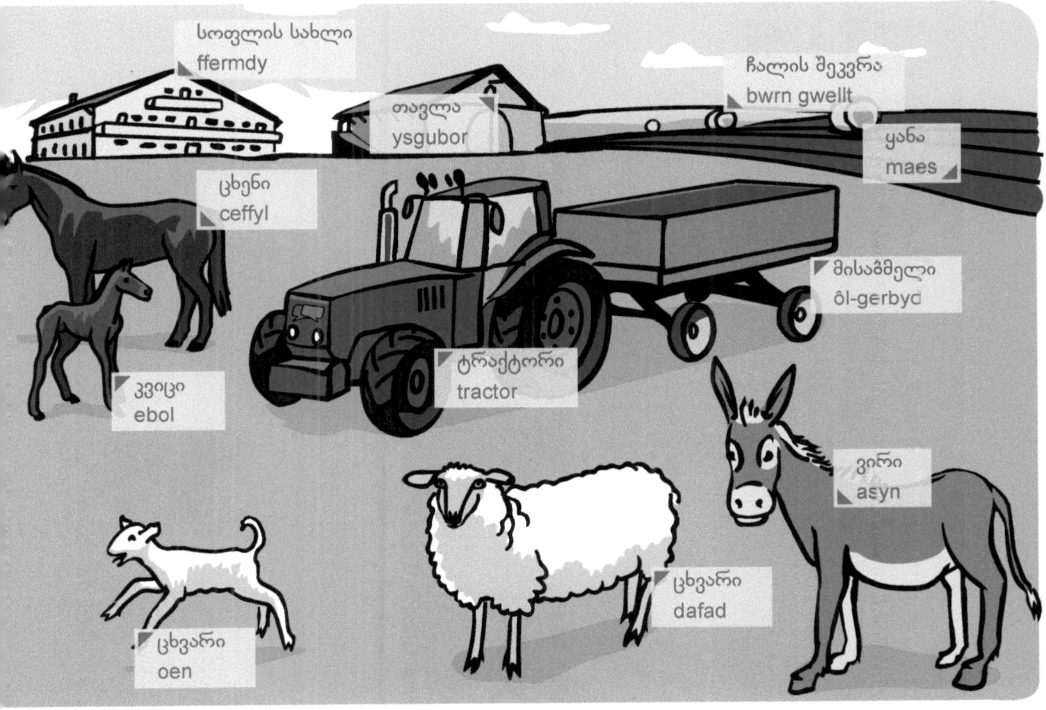

სოფლის სახლი
ffermdy

თავლა
ysgubor

ჩალის შეკვრა
bwrn gwellt

ყანა
maes

ცხენი
ceffyl

მისაბმელი
ôl-gerbyd

ტრაქტორი
tractor

კვიცი
ebol

ვირი
asyn

ცხვარი
dafad

ცხვარი
oen

თხა

gafr

ძროხა

buwch

ხბო

llo

ღორი

mochyn

გოჭი

porchell

ხარი

tarw

ბატი

gwydd

იხვი

hwyaden

წიწილა

cyw

ქათამი

iâr

მამალი

ceiliog

ვირთხა

llygoden fawr

კატა

cath

თაგვი

llygoden

ხარი

ych

ძაღლი

ci

საძაღლე

cwt ci

ბაღის შლანგი

pibell ddŵr

საბაღე წურწურა

can dŵr

ცელი

pladur

გუთანი

aradr

ნამგალი

cryman

თოხი

fforch chwynu

პატივის სახვეტი ჩანგალი

picwarch

ცული

bwyell

მაზიდი

berfa

გობი

cafn

რძის ბიდონი

tun llefrith

ტომარა

sach

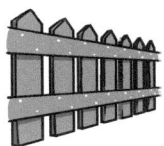

ღობე

ffens

ბოსელი

stabl

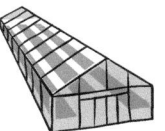

სათბური

tŷ gwydr

ნიადაგი

pridd

თესლი

hedyn

სასუქი

gwrtaith

მოსავლის ამღები კომბაინი

dyrnwr medi

მოსავლის აღება
cynaeafu

მოსავალი
cynhaeaf

იამი
iamau

ხორბალი
gwenith

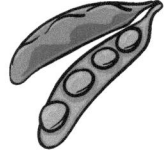

სოიო
soi

კარტოფილი
tysen

სიმინდი
grawn

სარეველას თესლი
had rêp

ხეხილი
coeden ffrwythau

მანიოკი
manioc

მარცვლეული
grawnfwydydd

ბუხარი
simnai

სახურავი
to

წყალსადინარი მილი
peipen law

ფანჯარა
ffenestr

ავტოფარეხი
garej

კარის ზარი
cloch y drws

კარი
drws

ნაგვის ყუთი
bin sbwriel

საფოსტო ყუთი
blwch post

ბაღი
gardd

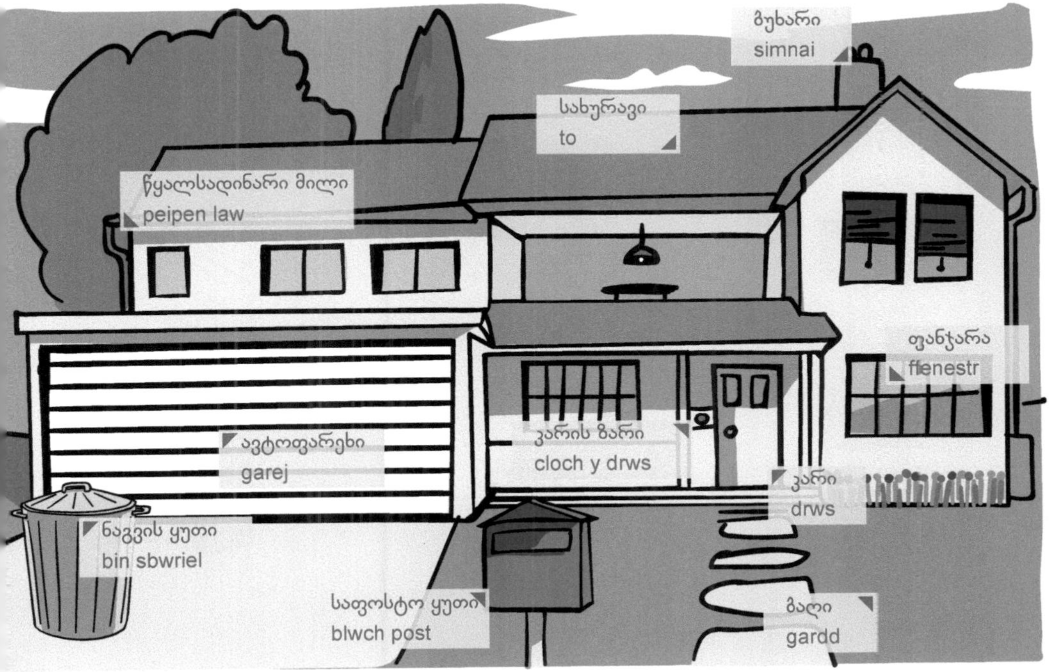

მისაღები ოთახი

lolfa

აბაზანა

ystafell ymolchi

სამზარეულო

cegin

საძინებელი

ystafell wely

საბავშვო ოთახი

ystafell plentyn

სასადილო ოთახი

ystafell fwyta

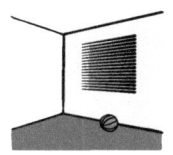

სართული

llawr

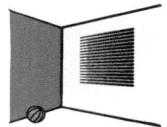

კედელი

wal

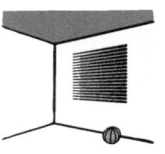

ჭერი

nenfwd

სარდაფი

seler

საუნა

sawna

აივანი

balconi

ტერასა

teras

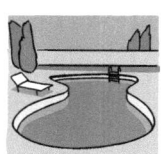

აუზი

pwll

გაზონის საკრეჭი

peiriant torri gwair

საბნის კონვერტი

taflen

საწოლი

gorchudd gwely

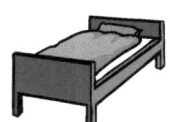

ლოგინი

gwely

ცოცხი

ysgub

სათლი

bwced

გადამრთველი

swits

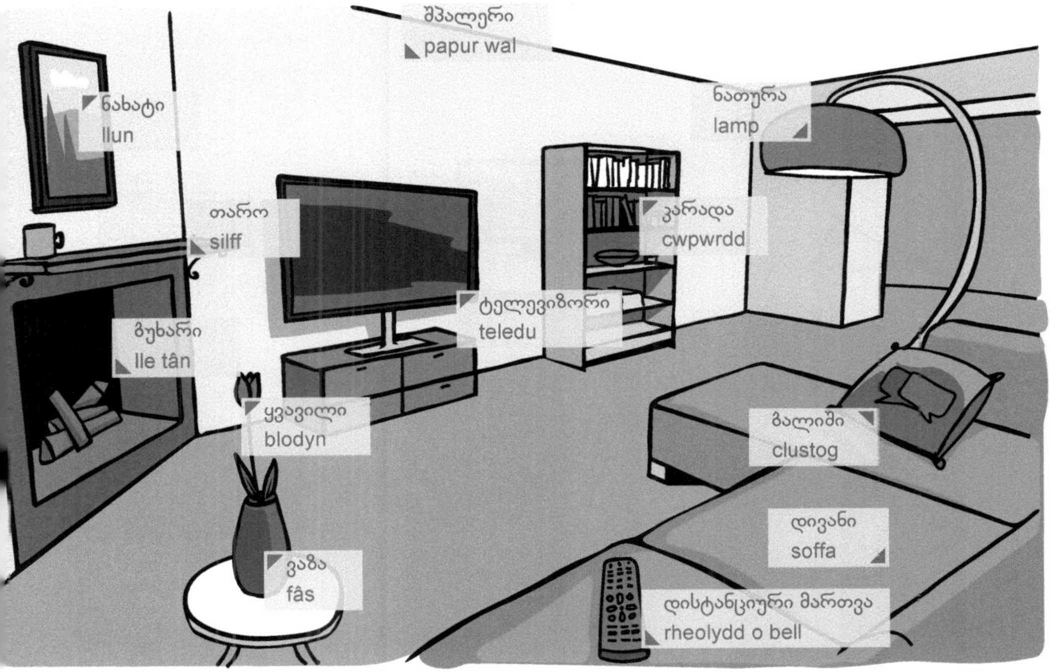

შპალერი
papur wal

ნახატი
llun

ნათურა
lamp

თარო
silff

კარადა
cwpwrdd

ტელევიზორი
teledu

ბუხარი
lle tân

ყვავილი
blodyn

ბალიში
clustog

დივანი
soffa

ვაზა
fâs

დისტანციური მართვა
rheolydd o bell

ხალიჩა
....
carped

ფარდა
....
llen

მაგიდა
....
bwrdd

სკამი
....
cadair

სარწეველა სკამი
....
cadair siglo

სავარძელი
....
cadair freichiaι

წიგნი

llyfr

საბანი

blanced

დეკორაცია

addurn

შეშა

coed tân

ფილმი

ffilm

hi-fi მოწყობილობები

hi-fi

გასაღები

agoriad

გაზეთი

papur newydd

ფერწერა

darlun

პლაკატი

poster

რადიო

radio

ბლოკნოტი

llyfr nodiadau

მტვერსასრუტი

hwfer

კაქტუსი

cactws

სანთელი

cannwyll

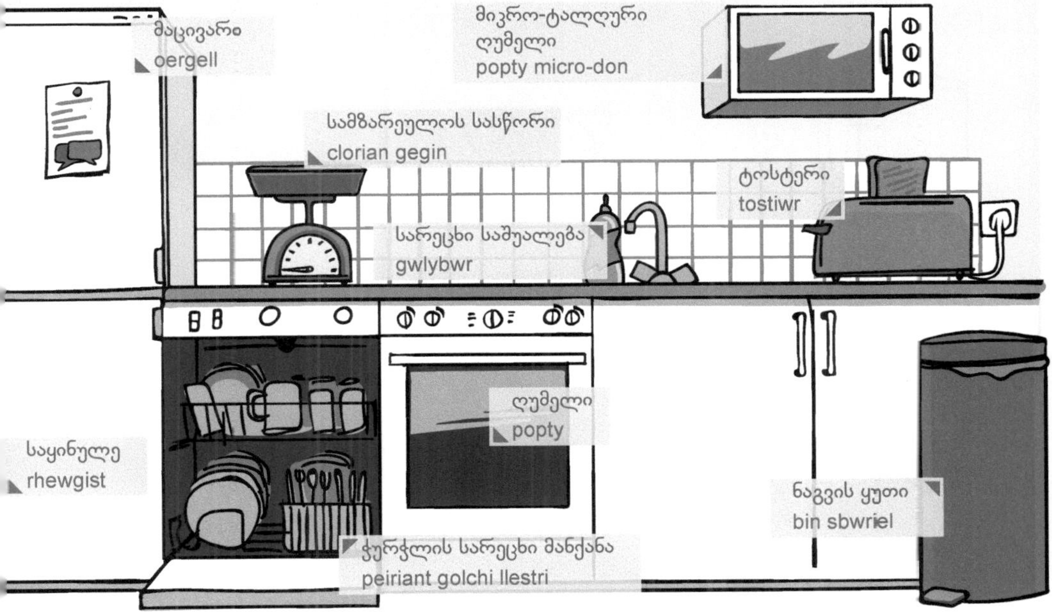

მაცივარი
oergell
მიკრო-ტალღური ღუმელი
popty micro-don
სამზარეულოს სასწორი
clorian gegin
ტოსტერი
tostiwr
სარეცხი საშუალება
gwlybwr
ღუმელი
popty
rhewgist
ნაგვის ყუთი
bin sbwriel
ჭურჭლის სარეცხი მანქანა
peiriant golchi llestri

გაზქურა

popty

ქოთანი

pot

თუჯის ქვაბი

pot haearn bwrw

ტაფა ამობერილი ფსკერით

wok / kadai

ტაფა

padell

ჩაიდანი

tegell

სამზარეულო - cegin

ორთქლსახარში

sosban stemio

საცხობი ლანგარი

hambwrdd pobi

ჭურჭელი

llestri

კათხა

mwg

თასი

powlen

ჩინური ჩხირები

gweill bwyta

ჩამჩა

lletwad

ფითხი

ysbodol

სათქვეფელა

chwisg

საწური

hidlydd

საცერი

gogr

სახეხი

gratiwr

სანაყი

morter

გრილი

barbeciw

კოცონი

tân agored

დაფა

bwrdd torri cig

საგორავი

rholbren

ბურღი

tynnwr corcyn

ქილა

tun

ქილის გასახსნელი

peth agor tuniau

ქოთნის დამჭერი

clwt pot

ნიჟარა

sinc

ფუნჯი

brws

ღრუბელი

sbwng

ბლენდერი

peiriant cymysgu

საყინულე კამერა

rhewgell

საბავშვო ბოთლი

potel babi

ონკანი

tap

აბაზანა

ystafell ymolchi

გათბობა
gwres
შხაპი
cawod
პირსახოცი
tywel
საშხაპე ფარდა
llen gawod
ღრუბლიანი აბანო
baddon ewyn
ვანა
baddon
gwydr
სარეცხი მანქანა
peiriant golchi
ონკანი
tap
ფილები
teils
ღამის ქოთანი
potyn
ნიჟარა
sinc

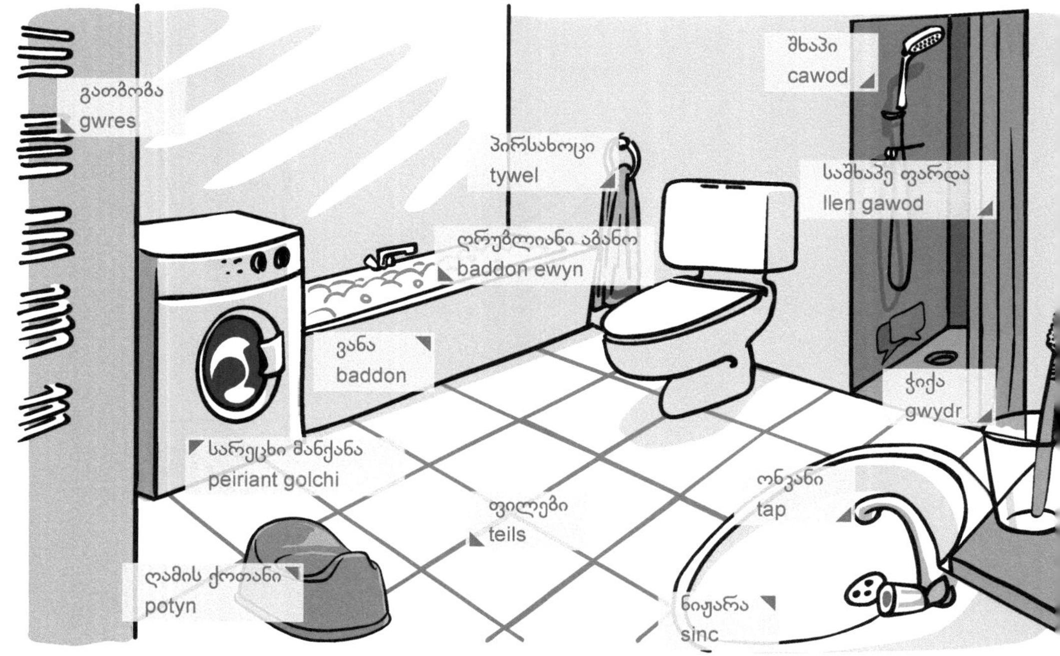

ტუალეტი

tŷ bach

იატაკის ტუალეტი

toiled cyrcydu

ბიდე

bidet

კედლის პისუარი

troethfa

ტუალეტის ქაღალდი

papur tŷ bach

ტუალეტის ჯაგრისი

brws tŷ bach

კბილის ჯაგრისი

brws dannedd

კბილის პასტა

past dannedd

კბილის ძაფი

edau ddannedd

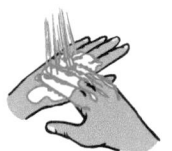

რეცხვა

golchi

ხელის შხაპი

cawod llaw

ინტიმური შხაპი

golchfa

ტაშტი

basn

ზურგის სახეხი ფუნჯი

brws-ôl

საპონი

sebon

შხაპის გელი

gel cawod

შამპუნი

siampŵ

ნეჭა

gwlanen

სანიაღვრე

ffos

კრემი

hufen

დეოდორანტი

diaroglydd

სარკე

drych

ხელის სარკე

drych llaw

ბრიტვა

rasel

საპარსი ქაფი

ewyn eillio

საშუალება გაპარსვის შემდეგ

sent eillio

სავარცხელი

crib

ჯაგრისი

brws

თმის საშრობი

sychwr gwallt

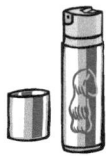

თმის ლაქი

chwistrell gwallt

კოსმეტიკა

colur

ტუჩების პომადა

minlliw

ფრჩხილის ლაქი

farnais ewinedd

ბამბა

gwlân cotwm

ფრჩხილის მაკრატელი

siswrn ewinedd

სუნამო

persawr

კოსმეტიკის ჩანთა

bag ymolchi

ტაბურეტი

stôl

სასწორი

clorian

საამაზანო ხალათი

gŵn baddon

რეზინის ხელთათმანები

menig rwber

ტამპონი

tampon

სანიტარული პირსახოცი

tywel misglwyf

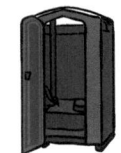

ბიო-ტუალეტი

toiled cemegol

საბავშვო ოთახი
ystafell plentyn

მაღვიძარა
cloc larwm
რბილი სათამაშო
tegan anwes
სათამაშო მანქანა
car tegan
ჩხარუნა სათამაშო
cleciwr
თოჯინების სახლი
tŷ dol
საჩუქარი
anrheg

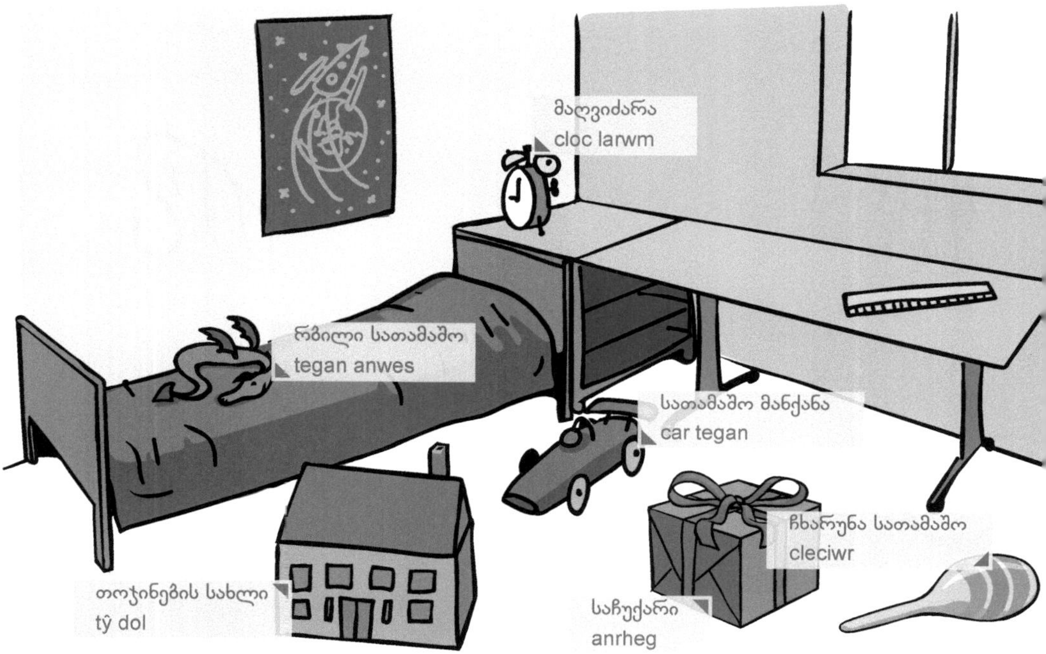

ბუშტი
balŵn

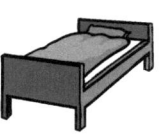

ლოგინი
gwely

საბავშვო ეტლი
pram

კარტის თამაში
pecyn o gardiau

პაზლი
jig-so

კომიკსი
comic

ლეგოს აგურები

brics Lego

ასაშენებელი კუბიკები

blociau adeiladu

სათამაშო ფიგურა

ffigur gweithrᵊdu

საცოცავი

babygro

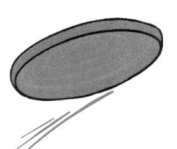

ფრისბი

ffrisbi

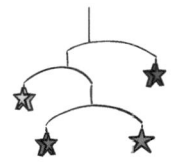

მობილე

ffôn symudol

სამაგიდო თამაში

gêm fwrdd

კამათელი

deis

რკინიგზის მოდელი

set model tᵊên

საწოვარა

teth lwgu

წვეულება

parti

წიგნი ნახატებით

llyfr lluniau

ბურთი

pêl

თოჯინა

dol

თამაში

chwarae

საქვიშარი
pwll tywod

საქანელა
swing

სათამაშოები
teganau

ვიდეო თამაშის კონსოლი
consol gemau fideo

სამთვლიანი ველოსიპედი
beic tair olwyn

დათუნია
tedi

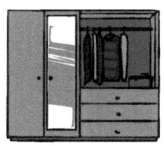

გარდერობი
cwpwrdd dillad

ტანსაცმელი
dillad

წინდები
hosanau

ჩულქები
hosanau

კოლგოტები
teits

მარფი
sgarff

ქამარი
gwregys

ქოლგა
ymbarél

მკლავებიანი მაისური
crys-t

ბოტასები
esidiau ymarfer

ფეხსაცმელი
esgidiau

ჩუსტები
sliɔeri

სანდლები
....
sandalau

ფეხსაცმელი
....
esgidiau

რეზინის ჩექმები
....
esgidiau rwber

ტრუსები
....
trôns

ბიუსტალტერი
....
bra

მაისური
....
fest

სხეული

corff

შარვალი

trowsus

ჯინსი

jîns

ქვედაკაბა

sgert

ბლუზი

blows

პერანგი

crys

სვიტრი

pwlofer

კაპიუშონიანი ჟაკეტი

hwdi

სპორტული ქურთუკი

blaser

ჟაკეტი

siaced

პალტო

côt

საწვიმარი

côt law

კოსტუმი

gwisg

კაბა

gŵn

საქორწილო კაბა

gwisg briodas

კაცის კოსტიუმი

siwt

ღამის პერანგი

gŵn nos

პიჟამოები

pyjamas

სარი

sari

თავშალი

sgarff pen

ტურბანი

tyrban

ჩადრი

bwrca

ხიფთანი

cafftan

აბაია

abaya

საცურაო კოსტუმი

gwisg nofio

ჩემოდნები

trowsus nofio

შორტები

siorts

სპორტული კოსტიუმი

tracwisg

წინსაფარი

ffedog

ხელთათმანები

menig

ღილი
botwm

სათვალეები
sbectol

სამაჯური
breichled

ყელსაბამი
cadwyn

ბეჭედი
modrwy

საყურე
clustdlws

კეპი
cap

საკიდი
cambren

ქუდი
het

ჰალსტუხი
tei

ელვა-შესაკრავის შეკვრა
sip

ჩაფხუტი
helmed

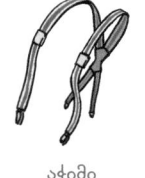

აჭიმი
fframiau danedd

სკოლის ფორმა
gwisg ysgol

ფორმა
gwisg

ბავშვის წინსაფარი

bib

საწოვარა

teth lwgu

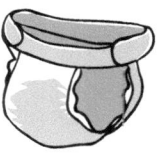

პამპერსი

cewyn

ოფისი

swyddfa

სერვერი
gweinydd
საკანცელარიო კარადა
cwrpwrdd ffeilio
პრინტერი
argraffydd
ქაღალდი
papur
მონიტორი
monitor
მაგიდა
desg
თაგვი
llygoden
საქაღალდე
ffolder
კლავიატურა
bysellfwrdd
ათა ნარჩენი ქაღალდებისათვის
ged papur gwastraff
სკამი
cadair
კომპიუტერი
cyfrifiadur

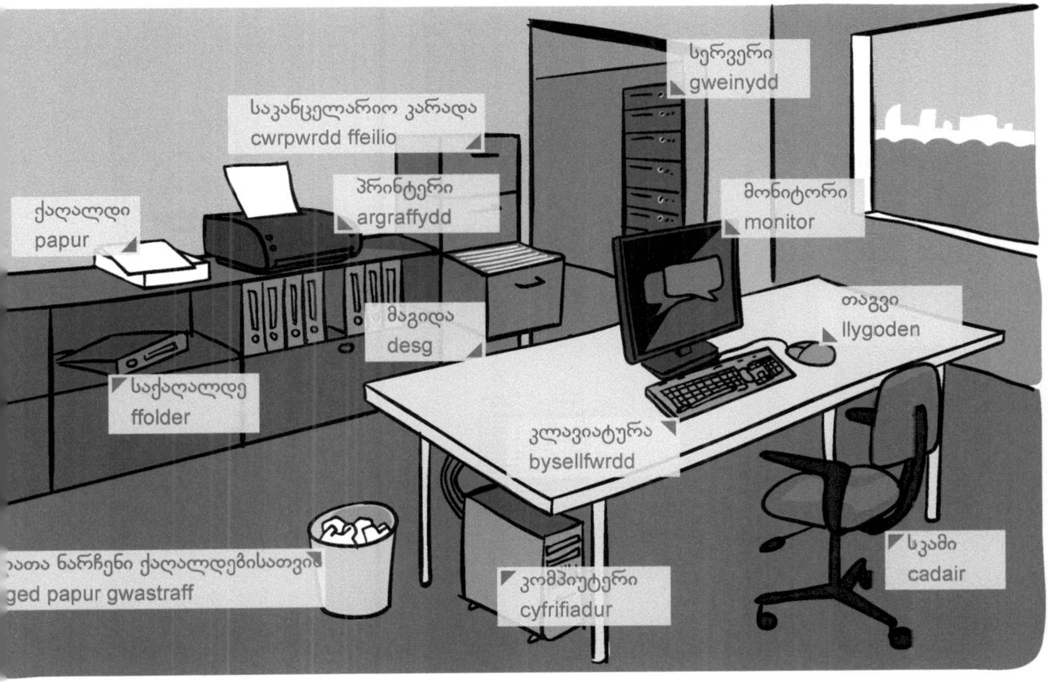

ყავის ფინჯანი

mwg coffi

კალკულატორი

cyfrifiannell

ინტერნეტი

rhyngrwyd

ლეპტოპი

gliniadur

წერილი

llythyr

მესიჯი

neges

მობილური ტელეფონი

ffôn symudol

ქსელი

rhwydwaith

სკანერი

llungopïwr

პროგრამული უზრუნველყოფა

meddalwedd

ტელეფონი

teleffon

როზეტი

soced plwg

ფაქსის მანქანა

peiriant ffacs

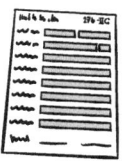

ფორმულარი

ffurflen

დოკუმენტი

dogfen

ეკონომიკა
economi

ყიდვა

prynu

გადახდა

talu

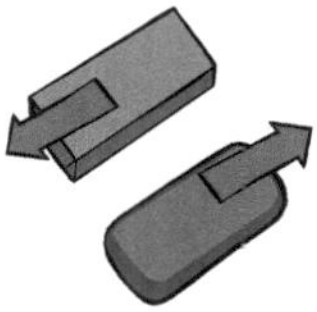

ვაჭრობა

masnachu

ფული

arian

დოლარი

doler

ევრო

ewro

იენი

yen

რუბლი

rwbl

შვეიცარული ფრანკი

ffranc y Swistir

ჟენმინბი იუანი

yuan renminbi

რუპი

rwpi

ბანკომატი

peiriant arian

ვალუტის გადაცვლის პუნქტი
swyddfa gyfnewid

ოქრო
aur

ვერცხლი
arian

ნავთობი
olew

ენერგია
ynni

ფასი
pris

ხელშეკრულება
contract

გადასახადი
treth

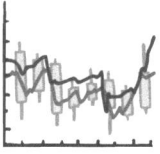

აქცია
stoc

მუშაობა
gweithio

თანამშრომელი
cyflogai

დამსაქმებელი
cyflogwr

ქარხანა
ffatri

მაღაზია
siop

პოლიციის ოფიცერი
swyddog heddlu

მეხანძრე
diffoddwr tân

მზარეული
cogydd

ექიმი
meddyg

მფრინავი
peilot

მებაღე

garddwr

დურგალი

saer

თეთრეულის მკერავი
ქალბატონი
gwniadwraig

მოსამართლე

barnwr

ქიმიკოსი

fferyllydd

მსახიობი

actor

ავტობუსის მძღოლი

gyrrwr bws

ტაქსის მძღოლი

gyrrwr tacsi

მეთევზე

pysgotwr

დამლაგებელი ქალბატონი

glanhawraig

სახურავის ოსტატი

töwr

მიმტანი

gweinydd

მონადირე

heliwr

ფერმწერი

paentiwr

მცხობელი

pobydd

ელექტრიკოსი

trydanwr

მშენებელი

adeiladwr

ინჟინერი

peiriannydd

ყასაბი

cigydd

სანტექნიკოსი

plymiwr

ფოსტალიონი

dyn y post

ჯარისკაცი

....

milwr

არქიტექტორი

....

pensaer

მოლარე

....

ariannwr

ფლორისტი

....

gwerthwr blodau

პარიკმახერი

....

triniwr gwallt

კონდუქტორი

....

archwiliwr tocynnau rheilffordd

მექანიკოსი

....

mecanydd

კაპიტანი

....

capten

სტომატოლოგი

....

deintydd

მეცნიერი

....

gwyddonydd

რაბინი

....

rabi

იმამი

....

imam

ბერი

....

mynach

სასულიერო პირი

....

clerigwr

იარაღები

offer

გრტყელტუჩა
gefail
ჩაქუჩი
morthwyl
სახრახნისი
tyrnsgriw
ქანჩის გასაღები
sbaner
ჯიბის სანათი
fflashlamp

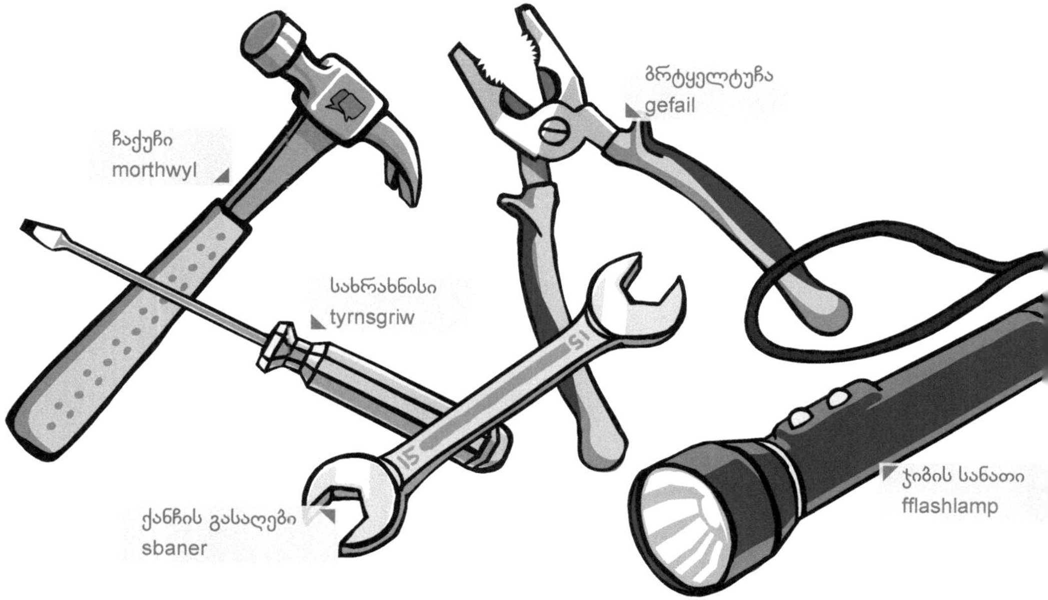

ექსკავატორი

turiwr

იარაღების ყუთი

blwch offer

კიბე

ysgol

ხერხი

llif

ლურსმები

hoelion

საბურღი

dril

შეკეთება

trwsio

ნიჩაბი

rhaw

ანდაზა!

Daria!

აქანდაზი

rhaw lwch

საღებავის ქოთანი

pot paent

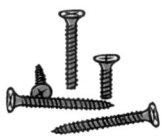

ხრახნები

sgriwiau

მუსიკალური ინსტრუმენტები
offerynnau cerdd

დასარტყამი ინსტრუმენტების კრებული
set drymiau

რეპროდუქტორი
uchelseinydd

გიტარა
gitâr

კონტრაბასი
bas dwbl

საყვირი
trwmped

ფორტეპიანო

piano

ვიოლინო

ffidil

ბასი

bas

ტიმპანონი

timpani

დასარტყამები

drymiau

კლავიშები

cyweirfwrdd

საქსოფონი

sacsoffon

ფლეიტა

ffliwt

მიკროფონი

meicroffon

ვეფხვი
teigr
შესასვლელი
mynediad
გალია
cawell
ზებრა
sebra
ცხოველთა საკვები
bwyd anifeiliaid
პანდა
panda

ცხოველები

anifeiliaid

სპილო

eliffant

კენგურ

cangarŵ

მარტორქა

rhinoseros

გორილა

gorila

დათვი

arth

აქლემი

camel

სირაქლემა

estrys

ლომი

llew

მაიმუნი

mwnci

ფლამინგო

fflamingo

თუთიყუში

parot

პოლარული დათვი

arth wen

პინგვინი

pengwin

ზვიგენი

siarc

ფარშევანგი

paun

გველი

neidr

ნიანგი

crocodeil

ზოოპარკის მფლობელი

gofalwr sŵ

სელაპი

morlo

იაგუარი

jagwar

პონი

merlyn

ლეოპარდი

llewpard

ბეჰემოტი

hipo

ჟირაფი

jiráff

არწივი

eryr

ტახი

baedd

თევზი

pysgodyn

კუ

crwban

მორჟი

walrws

მელა

llwynog

გაზელი

gafrewig

სპორტი

chwaraeon

pêl-droed America
ველოსპორტი
beicio
ჩოგბურთი
tennis
კალათბურთი
pêl-fasged
ცურვა
nofio
კრივი
bocsio
ყინულის ჰოკეი
hoci iâ

ფეხბურთი

pêl-droed

ბადმინტონი

badminton

მძლეოსნობა

athletau

ხელბურთი

pêl-law

სათხილამურო სპორტი

sgïo

წყლის პოლო

polo

გადახტომა
neidio

ჩახუტება
cofleidio

დაცინვა
chwerthin

სეირნობა
cerdded

სიმღერა
canu

ოცნებობა
breuddwydio

ლოცვა
gweddïo

კოცნა
cusanu

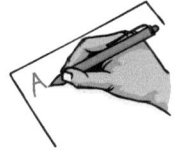

წერა
ysgrifennu

დახატვა
tynnu

ჩვენება
dangos

დაჭერა
gwthio

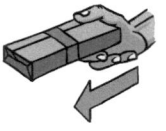

მიცემა
rhoi

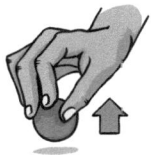

აღება
cymryd

ქონა

bod gan

კეთება

gwneud

ყოფნა

bod

დგომა

sefyll

გარბენა

rhedeg

მოქაჩვა

tynnu

გადაყრა

taflu

დაცემა

disgyn

ტყუილის თქმა

gorwedd

მოცდენა

aros

ტარება

cario

ჯდომა

eistedd

ჩაცმა

gwisgo amdanoch

ძილი

cysgu

გაღვიძება

deffro

დათვალიერება

edrych ar

ტირილი

crïo

გაუთოება

anwesu

დავარცხნა

cribo

ლაპარაკი

siarad

გაგება

deall

შეკითხვა

gofyn

მოსმენა

gwrando

დალევა

yfed

ჭამა

bwyta

დალაგება

tacluso

ყვარება

caru

კერძების მზადება

coginio

სვლა

gyrru

ფრენა

hedfan

აფრის ქვეშ სიარული

hwylio

გამოთვლა

cyfrif o

წაკითხვა

darllen

შესწავლა

dysgu

მუშაობა

gweithio

ქორწინება

priodi

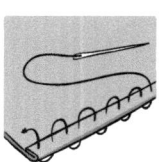

კერვა

gwnïo

კბილების ხეხვა

brwsio dannedd

მოკვლა

lladd

მოწევა

ysmygu

გაგზავნა

anfon

ბებია
nain

ბაბუა
taid

მამა
tad

დედა
mam

ბაბუი
baban

ქალიშვილი
merch

ვაჟიშვილი
mab

სტუმარი
....
gwestai

დეიდა
....
modryb

ბიძა
....
ewythr

ძმა
....
brawd

და
....
chwaer

სხეული

corff

შუბლი
talcen
თვალი
llygad
სახე
wyneb
ნიკაპი
gên
მკერდი
bron
თითი
bys
ხელი
llaw
მკლავი
braich
მხარი
ysgwydd
ფეხი
coes

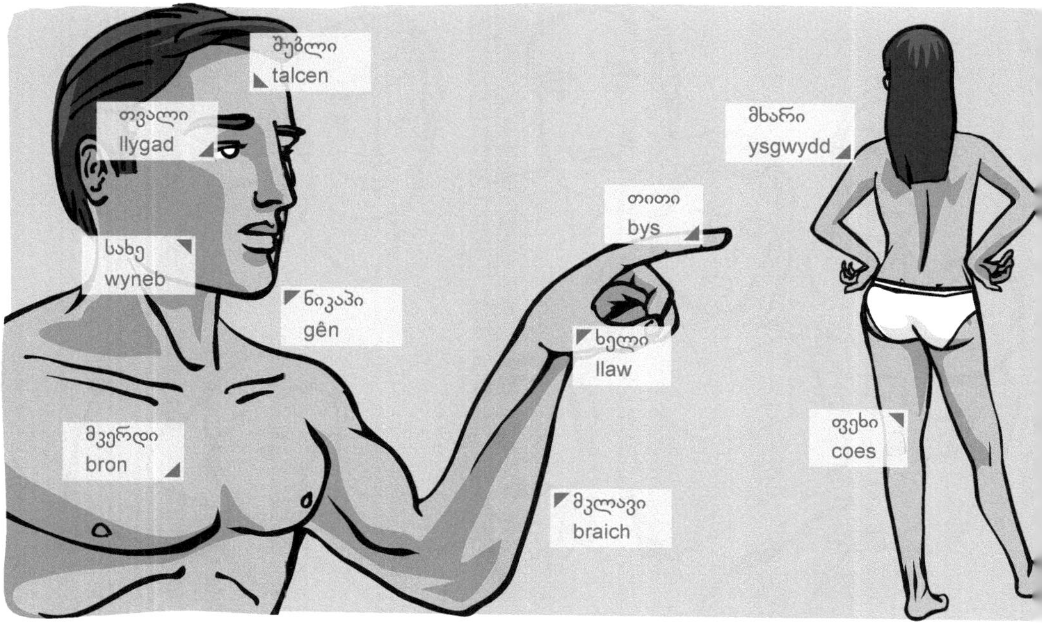

ბავშვი

baban

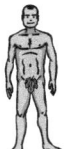

კაცი

dyn

ქალი

gwraig

გოგო

geneth

ბიჭი

bachgen

თავი

pen

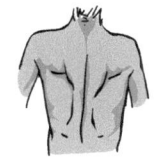

ზურგი

cefn

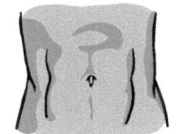

მუცელი

bel

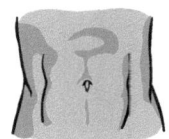

ჭიპი

bogail

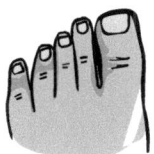

ფეხის თითი

bys troed

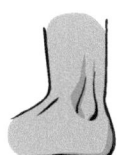

ქუსლი

sawdl

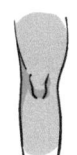

ძვალი

asgwrn

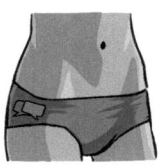

ბარძაყი

clun

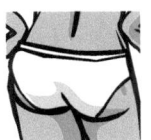

მუხლი

pen-glin

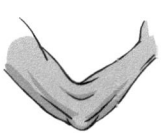

იდაყვი

penelin

ცხვირი

trwyn

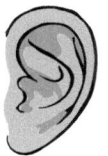

დუნდულა

pen ôl

კანი

croen

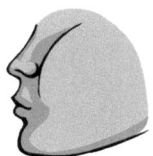

ლოყა

boch

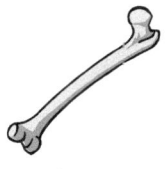

ყური

clust

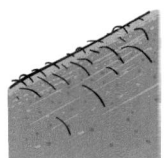

ტუჩი

gwefus

პირი

ceg

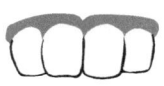

კბილი

dant

ენა

tafod

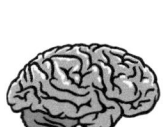

ტვინი

ymennydd

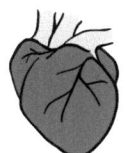

გული

calon

კუნთი

cyhyr

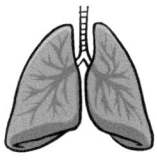

ფილტვი

ysgyfaint

ღვიძლი

iau

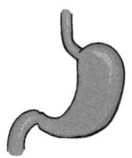

კუჭი

stumog

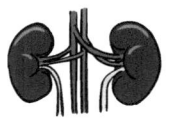

თირკმელები

arennau

სექსი

rhyw

პრეზერვატივი

condom

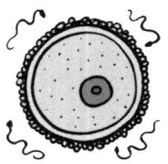

კვერცხუჯრედი

ofwm

სპერმა

semen

ორსულობა

beichiogrwydd

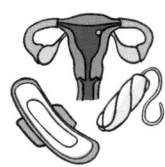

მენსტრუაცია

mislif

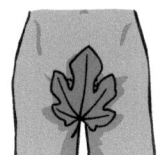

საშო

fagina

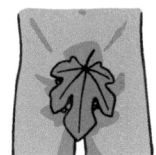

პენისი

pidyn

წარბი

ael

თმა

gwallt

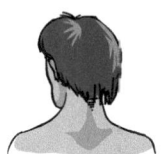

კისერი

gwddf

საავადმყოფო

ysbyty

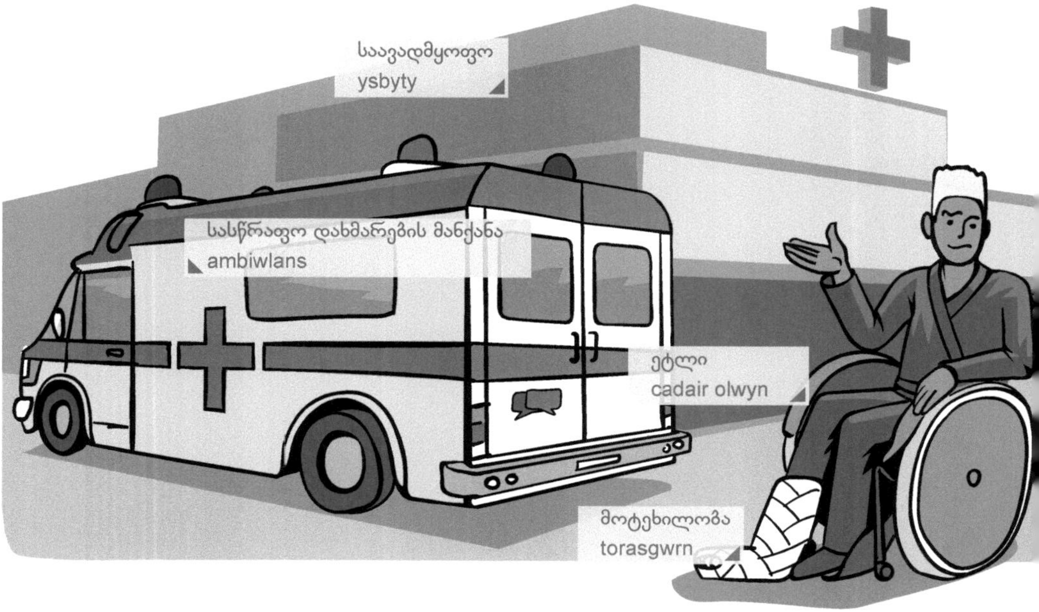

საავადმყოფო
ysbyty
სასწრაფო დახმარების მანქანა
ambiwlans
ეტლი
cadair olwyn
მოტეხილობა
torasgwrn

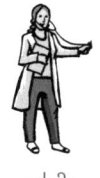

ექიმი

meddyg

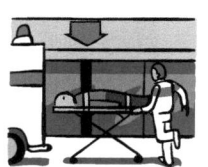

პირველი დახმარების ოთახი

ystafell argyfwng

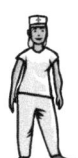

მედდა

nyrs

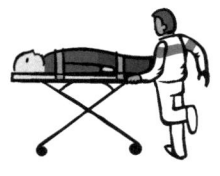

გადაუდებელი შემთხვევა

argyfwng

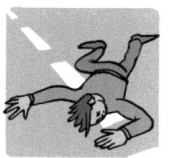

უგონოდ მყოფი

anymwybodol

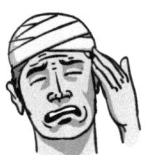

ტკივილი

poen

დაზიანება

anaf

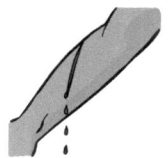

სისხლდენა

gwaedu

გულის შეტევა

trawiad ar y galon

ინსულტი

strôc

ალერგია

alergedd

ხველა

peswch

ცხელება

twymyn

გრიპი

ffliw

დიარეა

dolur rhycd

თავის ტკივილი

cur pen

კიბო

canser

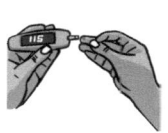

დიაბეტი

diabetes

ქირურგი

llawfeddyg

სკალპელი

fflaim

ოპერაცია

gweithrediad

კტ

CT

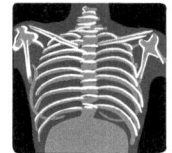

რენტგენი

pelydr-x

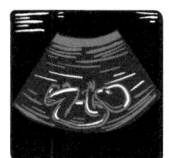

ულტრაბგერა

uwchsain

ნიღაბი

mwgwd wyneb

დაავადება

clefyd

მოსაცდელი ოთახი

ystafell aros

ყავარჯენი

bagl

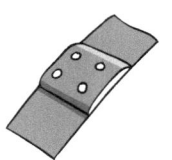

თაბაშირი

plastr

ბინტი

rhwymyn

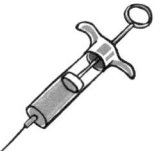

ინექცია

pigiad

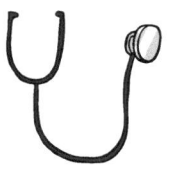

სტეტოსკოპი

stethosgop

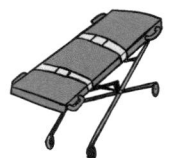

საკაცე

elorwely

თერმომეტრი

thermomedr clinigol

დაბადება

genedigaeth

ჭარბი წონა

dros bwysau

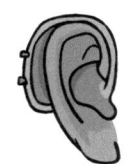

სმენის აპარატი

cymorth clyw

სადეზინფექციო საშუალება

diheintydd

ინფექცია

haint

ვირუსი

firws

აივ / შიდსი

HIV / AIDS

წამალი

meddygaeth

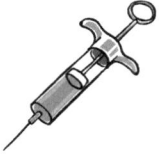

ვაქცინაცია

brechiad

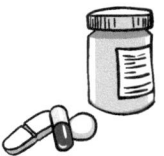

ტაბლეტები

tabledi

აბი

y bilsen

დაუდებელი გამოძახება

galwad frys

წნევის საზომი აპარატი

monitor pwysau gwaed

ავადმყოფი / ჯანმრთელი

yn sâl / yn iach

გადაუდებელი შემთხვევა

argyfwng

დამეხმარეთ!

Help!

განგაში

larwm

თავდასხმა

ymosodiad

შეტევა

ymosodiad

საფრთხე

perygl

სათადარიგო გასასვლელი

allanfa argyfwng

ხანძარი!

Tân!

ცეცხლსაქრობი

diffoddwr tân

უბედური შემთხვევა

damwain

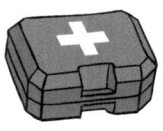

პირველადი დახმარების აფთიაქი

pecyn cymorth cyntaf

SOS

SOS

პოლიცია

heddlu

ევროპა
Ewrop

ჩრდილოეთ ამერიკა
Gogledd America

სამხრეთ ამერიკა
De America

აფრიკა
Affrica

აზია
Asia

ავსტრალია
Awstralia

ატლანტიკა
Iwerydd

წყნარი ოკეანე
y Môr Tawel

ინდოეთის ოკეანე
Cefnfor yr India

ანტარქტიკის ოკეანე
Cefnfor yr Antarctig

ჩრდილოეთის ყინულოვანი
ოკეანე
Cefnfor yr Arctig

ჩრდილოეთ პოლუსი
Pegwn y Gogledd

სამხრეთ პოლუსი

Pegwn y De

ანტარქტიდა

Antarctica

დედამიწა

y Ddaear

ხმელეთი

tir

ზღვა

môr

კუნძული

ynys

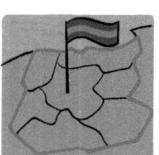

ერი

cenedl

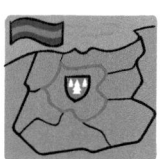

სახელმწიფო

gwladwriaeth

საათი

cloc

ციფერბლატი

wyneb cloc

საათების ისარი

bys awr

წუთების ისარი

bys munud

წამების ისარი

bys eiliad

რომელი საათია?

Faint o'r gloch yw hi?

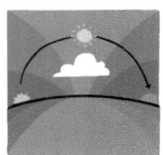

დღე

dydd

დრო

amser

ახლა

yn awr

ციფრული საათი

cloc digidol

წუთი

munud

საათი

awr

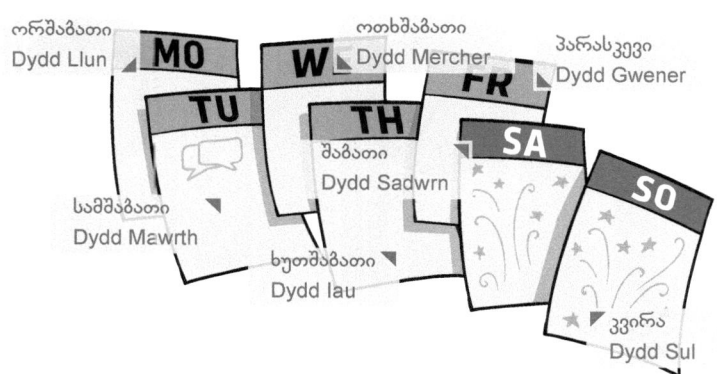

ორშაბათი
Dydd Llun

ოთხშაბათი
Dydd Mercher

პარასკევი
Dydd Gwener

შაბათი
Dydd Sadwrn

სამშაბათი
Dydd Mawrth

ხუთშაბათი
Dydd Iau

კვირა
Dydd Sul

გუშინ
ddoe

დღეს
heddiw

ხვალ
yfory

დილა
bore

შუადღე
canol dydd

საღამო
noswaith

MO	TU	WE	TH	FR	SA	SU
1	2	3	4	5	6	7
8	9	10	11	12	13	14
15	16	17	18	19	20	21
22	23	24	25	26	27	28
29	30	31	1	2	3	4

სამუშაო დღეები
diwrnodiau busnes

MO	TU	WE	TH	FR	SA	SU
1	2	3	4	5	6	7
8	9	10	11	12	13	14
15	16	17	18	19	20	21
22	23	24	25	26	27	28
29	30	31	1	2	3	4

შაბათი-კვირა
penwythnos

წელი

blwyddyn

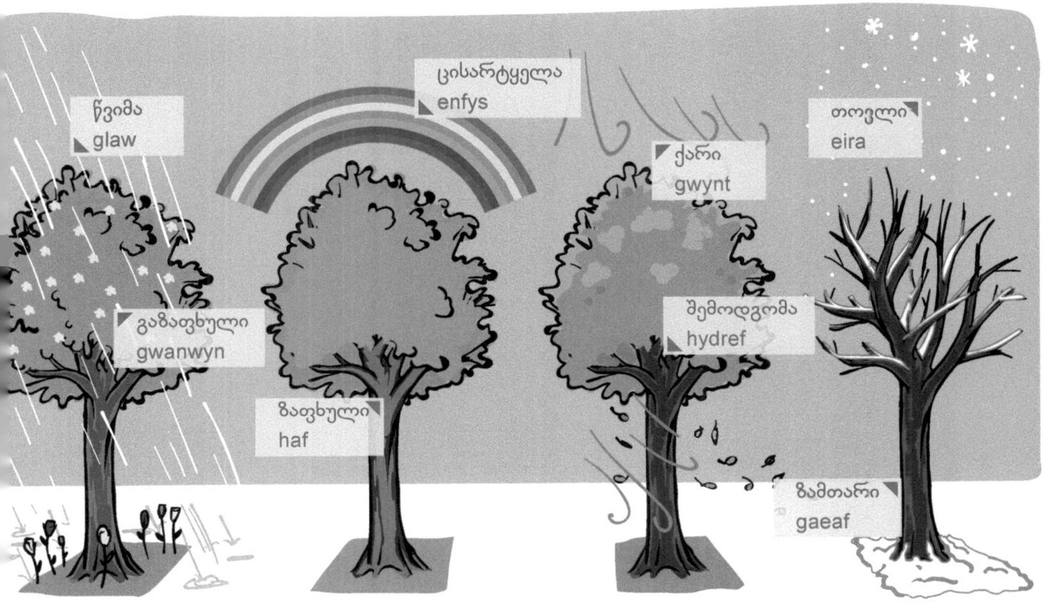

წვიმა
glaw
ცისარტყელა
enfys
ქარი
gwynt
თოვლი
eira
გაზაფხული
gwanwyn
შემოდგომა
hydref
ზაფხული
haf
ზამთარი
gaeaf

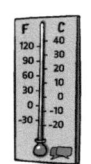

ამინდის პროგნოზი

rhagolygon y tywydd

თერმომეტრი

thermomedr

მზის სხივი

heulwen

ღრუბელი

cwmwl

ნისლი

niwl tew

ტენიანობა

lleithder

ელვა
mellt

ქუხილი
taranau

შტორმი
storm

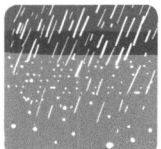

სეტყვა
cenllysg

მუსონი
monsŵn

წყალდიდობა
llif

ყინული
iâ

იანვარი
Ionawr

თებერვალი
Chwefror

მარტი
Mawrth

აპრილი
Ebrill

მაისი
Mai

ივნისი
Mehefin

ივლისი
Gorffennaf

აგვისტო
Awst

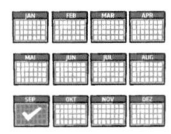

სექტემბერი
Medi

ოქტომბერი
Hydref

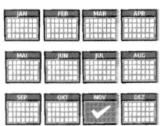

ნოემბერი
Tachwedd

დეკემბერი
Rhagfyr

ფორმები
siapiau

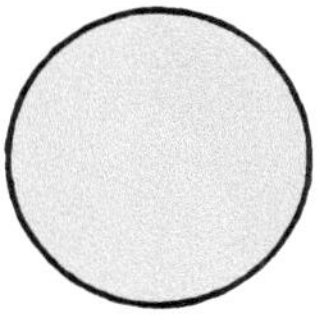

წრე
cylch

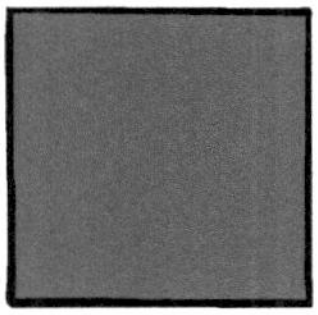

კვადრატი
sgwâr

მართკუთხედი
petryal

სამკუთხედი
triongl

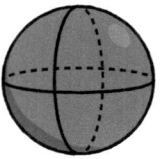

სფერო
sffêr

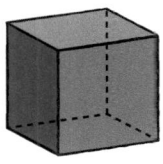

კუბი
ciwb

ფერები

lliwiau

თეთრი

gwyn

ყვითელი

melyn

ნარინჯისფერი

oren

ვარდისფერი

pinc

წითელი

coch

იისფერი

porffor

ცისფერი

glas

მწვანე

gwyrdd

ყავისფერი

brown

ნაცრისფერი

llwyd

შავი

du

საპირისპიროები

cyferbyniadau

ბევრი / ცოტა

llawer / ychydig

გაბრაზებული / მშვიდი

dig / tawel

ლამაზი / მახინჯი

hardd / hyll

ასაწყისი / დასასრული

dechrau / diwedd

დიდი / პატარა

mawr / bach

ნათელი / მუქი

llachar / tywyll

ძმა / და

brawd / chwaer

სუფთა / ჭუჭყიანი

glân / budr

სრული / არასრული

gyflawn / anghyflawn

დღე / ღამე

dydd / nos

მკვდარი / ცოცხალი

farw / yn fyw

განიერი / ვიწრო

eang / cul

საჭმელად ვარგისი / საჭმელად უვარგისი

bwytadwy / anfwytadwy

ბოროტი / კეთილი

drwg / caredig

შთამბეჭდავი / მოსაწყენი

llawn cyffro / diflasu

სქელი / თხელი

tew / tenau

პირველი / ბოლო

cyntaf / olaf

მეგობარი / მტერი

cyfaill / gelyn

სრული / ცარიელი

llawn / gwag

მყარი / რბილი

caled / meddal

მძიმე / მსუბუქი

trwm / ysgafn

მოშიებული / მწყურვალე

wedi newynnu / yn sychedig

ავადმყოფი / ჯანმრთელი

yn sâl / yn iach

არალეგალური / ლეგალური

anghyfreithlon / cyfreithiol

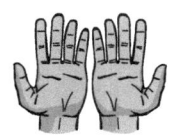

ინტელექტუალი / სულელი

deallus / twp

მარცხენა / მარჯვენა

chwith / dde

ახლოს / შორს

agos / pell

ხალი / გამოყენებული

wydd / wedi'i ddefnyddio

არაფერი / რაღაცა

dim / rhywbeth

მოხუცი / ახალგაზრდა

hen / ifanc

ჩართვა / გამორთვა

ymlaen / i ffwrdd

ღია / დახურული

ar agor / ar gau

ჩუმი / ხმამაღალი

tawel / uchel

მდიდარი / ღარიბი

cyfoethog / tlawd

მართალი / მტყვანი

cywir / anghywir

უხეში / გლუვი

garw / llyfn

სევდიანი / ბედნიერი

trist / hapus

მოკლე / გრძელი

byr / hir

ნელი / სწრაფი

araf / cyflym

სველი / მშრალი

gwlyb / sych

თბილი / გრილი

cynnes / claear

ომი / მშვიდობა

rhyfel / heddwch

რიცხვები

rhifau

0	1	2
ნული	ერთი	ორი
sero	un	dau
3	4	5
სამი	ოთხი	ხუთი
tri	pedwar	pump
6	7	8
ექვსი	შვიდი	რვა
chwech	saith	wyth
9	10	11
ცხრა	ათი	თერთმეტი
naw	deg	un deg un

12

თორმეტი
un deg dau

13

ცამეტი
un deg tri

14

თოთხმეტი
un deg pedwar

15

თხუთმეტი
un deg pump

16

თექვსმეტი
un deg chwech

17

ჩვიდმეტი
un deg saith

18

თვრამეტი
un deg wyth

19

ცხრამეტი
un deg naw

20

ოცი
dau ddeg

100

ასი
cant

1.000

ათასი
mil

1.000.000

მილიონი
miliwn

ენები

ieithoedd

ინგლისური

Saesneg

ამერიკული ინგლისური

Saesneg America

ჩინური მანდარინი

Tsieinëeg Mandarin

ჰინდი

Hindi

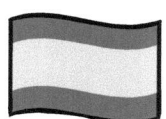

ესპანური

Sbaeneg

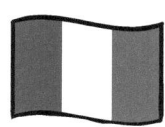

ფრანგული

Ffrangeg

არაბული

Arabeg

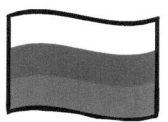

რუსული

Rwseg

პორტუგალიური

Portiwgaleg

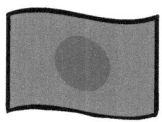

ბენგალური

Bengali

გერმანული

Almaeneg

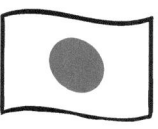

იაპონური

Siapanaeg

ვინ / რა / როგორ
pwy / beth / sut

მე

fi

შენ

ti

ის / ის / იგი

ef / hi

ჩვენ

ni

თქვენ

chi

ისინი

nhw

ვინ?

pwy?

რა?

beth?

როგორ?

sut?

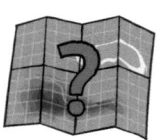

სად?

ble?

როდის?

pryd?

სახელი

enw

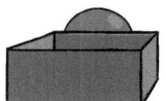

უკან
....
y tu ôl i

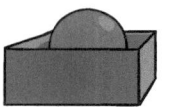

შიგნით
....
yn / yng / ym / mewn

წინ
....
o flaen

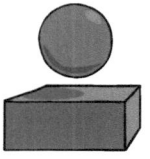

ზედ
....
dros

=-ზე
....
ar

ქვეშ
....
dan

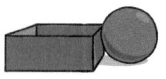

გვერდით
....
wrth ochr

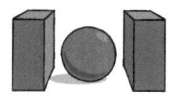

შორის
....
rhwng

ადგილი
....
lle